Sigrid Gregor

Kunterbunte
Hexengeschichten

arsEdition

Die Deutsche Bibliothek – CIP-Einheitsaufnahme

Gregor, Sigrid:
Kunterbunte Hexengeschichten / Sigrid Gregor.
- 1. Aufl. - München : Ars-Ed., 1997
(Känguru : Mit Bildern lesen lernen)
ISBN 3-7607-3745-5 Pp.

Lesedidaktische Beratung: Prof. Dr. Manfred Wespel
Nach den Regeln der neuen Rechtschreibung

Gedruckt auf umweltfreundlichem Papier ohne Chlorbleiche

Ausstattung und Herstellung: arsEdition, München
Titelbild und Innenillustrationen: Sigrid Gregor
Titelvignette: Carola Holland
Einbandgestaltung: Ralph Bittner
Printed in Germany
ISBN 3-7607-3745-5

Inhalt

Filibelle mit den kalten Füßen

Die Hexe Filibelle

liegt in ihrem  .

 kann nicht schlafen,

weil sie so kalte  hat.

Dabei hat sie doch dicke  an.

Aber die wärmen nicht.

8

Ihre zahme

sitzt auf der  .

Aber das hilft auch nicht.

Plötzlich kracht es laut

vor dem  .

 schaut aus dem  .

Ihr  wackelt hin und her.

Ein grüner  ragt aus der  .

Was kann das sein?

 nimmt eine

und geht aus dem  .

Sie steigt über den grünen  .

Dann macht sie die  auf.

Ein großer grüner

liegt in ihrem  .

„Was machst du in meinem  ?",

fragt  .

„Sei nicht böse", röhrt der  .

„Ich musste plötzlich landen.

Leider fiel ich auf deinen  .

Nun ist das  kaputt.

Und mein  ist ausgegangen."

Der  zittert und friert.

 lockt ihn aus dem  .

Mit der  zündet sie

sein  wieder an.

Der ![dragon] atmet auf

und kokelt dabei ihren ![fence] an.

„Oh weh!", jammert er.

„Dein  ist zu stark", meint  .

Der  atmet

ganz vorsichtig.

Nun darf er mit ins  .

Er macht  im  .

Dann legt er sich auf den  .

 hext ihm etwas vor.

Der  erzählt von früher,

als er noch ein  war.

Nur ganz selten brennt er

 in den 🟥.

Und 🧑 hat jetzt

keine kalten 🦶 mehr.

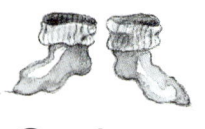

Socken

Bettdecke

Fenster

Haus

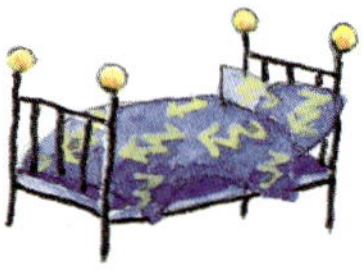

Bett

Tür

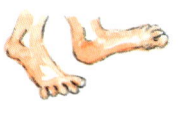

Füße

Fledermaus

Schwanz

Drache

Schuppen

Kamin

Drachen-Ei

Dach

Kerze

Zaun

Feuer

Teppich

Löcher

Filibelle

Hokus, pokus, Hexentorte

Die dicke Hexe Schlemma

ist hungrig.

Sie möchte eine  zaubern.

Aber  hat ihre  verloren.

Seitdem geht alles schief!

Aus ihrem schwarzen  hat sie

einen bunten  gezaubert.

Und ihr  hat seit gestern  .

 weckt

ihre Tochter Schlumma  .

„Wach auf,  !

Du musst mir helfen."

 gähnt laut.

Dann krabbelt sie aus dem  .

 holt das dicke

aus der  .

Sie schaut unter „  " nach,

aber ohne  kann sie kaum lesen.

„Hukos, pukos, fadibus!

Bei  -Stiel und  ,

eine  kommt ins  !"

Nichts passiert. Nur ein paar

fallen  auf den  .

 soll es jetzt versuchen.

Müde brummelt  :

„Hukus, pukus, fudubos!

Beim  und beim wilden  ,

eine  soll es sein!"

Wieder nichts.

Nur ein paar

fliegen durch das

und treffen den bunten  .

Der  flieht unter den  .

 legt sich wieder ins  .

Aber unter dem  drückt etwas.

Es ist die 👓 !

 ist sehr froh.

Sie setzt die

auf die und liest:

„Hokus, pokus, fidibus!

Bei und beim grünen ,

eine auf den !"

Rumms – fliegt eine

durch das

und landet weich auf dem .

Der , das ,

 und setzen sich

und schmausen.

Die  schmeckt zwar

ein bisschen nach ,

aber das stört keinen.

Kissen

Nüsse

Torte

Schwein

Bett

Truhe

Haus

Hörner

Igel

Zauberbuch

Schrank

Hund

Kater

Bonbons **Fenster** **Brille** **Besen**

Nase

Kopf

Tisch

Fisch

Kröte

Kaninchen **Schlemma** **Schlumma** **Fledermaus**

Der Kampf gegen den Zauberer

Die Hexe Walpurga  ist sauer

auf den Zauberer Rabenalt  .

Der gibt vielleicht an!

Gestern hat  behauptet:

„Ich kann nachts die  herzaubern!"

Heute hat 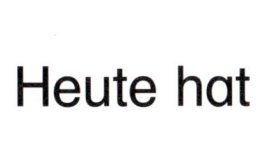 gesagt:

„Mit meinem

kann ich viel besser hexen

als die blöde alte Hexe  !"

Nun ist  wütend.

Sie will  ärgern.

Sie will in seine  schleichen

und seinen  klauen.

Als der aufgeht,

fliegt  auf ihrem  los.

Leise saust sie

an den großen  vorbei

durch ein offenes  im  .

Doch ihr  ist zu hoch!

Er fällt in den  .

 liegt in seinem

und schnarcht laut.

 sieht den

auf dem  leuchten.

Schnell greift sie danach

und wirft ihn aus dem 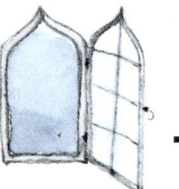 .

Plötzlich steht

in seinem  vor ihr.

Wie wütend er ist!

Sein  läuft lila an.

Seine   funkeln grün.

„Hinweg mit dir, du alte  !",

schreit  .

 versucht  zu verzaubern.

Aber ohne  klappt es nicht.

 lacht und ruft:

„Huxe haxe hexe hix!

 soll weg wie nix!"

Aber nichts passiert.

Oh weh! Ohne ihren

kann  nicht hexen!

Da müssen beide schrecklich lachen.

Die ganze  wackelt.

Die   flattern wild umher.

Die  heulen.

 und  setzen sich

auf das große  .

Sie lachen und lügen sich etwas vor,

bis die  aufgeht.

 Mond

 Fledermäuse

 Augen

 Graben

 Besen

 Kröte

 Hut

 Walpurga

 Wölfe

 Burg

Zauberstab

Nachthemd

Sonne

Fenster

Turm

Fass

Gesicht

Bett

Nachttisch

Rabenalt

Malwine hext sich Freunde

In einem kleinen alten

im  wohnt ganz alleine

die Hexe Malwine  .

 langweilt sich und murmelt:

„Ich wünsch mir einen schwarzen .

Nachts kann er auf dem  sitzen

und tagsüber auf meiner ."

 nimmt ihr  und

hext den  gleich herbei.

Der  springt wild im herum.

 **Zack** – wirft er die

und aus dem .

Mit seinen scharfen

zerfetzt er das schönste  .

Da sagt sich  :

„Ich möchte lieber einen  .

Ein  ist nicht so wild."

Hokus, pokus – aus dem

wird ein  .

Der  fliegt krächzend

zur  hinaus.

Er holt die  von der

und versteckt sie.

Dann zertritt er die  .

Wütend hext ihn

in ihr  zurück.

Dann fällt ihr etwas ein.

Sie holt   und  .

Sie schreibt

an die Hexe Rasegunde  ,

die hinter dem  wohnt.

Liebe !

Ich backe morgen einen großen

und lade dich in mein ein.

Bitte bring alle anderen Hexen mit.

Viele Grüße! Deine

Was glaubt ihr? Alle sind gekommen.

Seitdem hat sich

nie wieder gelangweilt.

In ihrem  wird gelacht, getanzt,

gesungen und  gespielt.

Manchmal gehen auch ein paar  ,

ein  oder  kaputt.

Aber das stört  gar nicht mehr.

Wäscheleine

Haus

Ball

Kissen

Bleistift

Socken

Tür

Bücher

Papier

Fliegenpilze

Kater

Wald

Zauberbuch

Flaschen

Malwine

Regal

Kuchen

Rabe

Rasegunde

Bett

Schulter

Krallen

Das große Besen-Rennen

Heute treffen sich alle Hexen

auf der  hinter dem .

Sie wollen herausfinden,

wer den schnellsten  hat.

Die kleine Hexe Flitzefix

freut sich auf das  -Rennen.

Sie poliert ihren roten  blank.

Ab gehts. Hui, ist sie schnell!

Auf der

sind schon alle Hexen versammelt.

Die alte Hexe Walpurga

fliegt nicht mehr mit.

Sie pustet einen  auf

und pikt mit einer  hinein.

Der  zerknallt.

Alle Hexen sausen los.

Es geht dreimal um die  .

Die kleine Hexe Schlumma

hat einen krummen  .

 fliegt im  ,

bis sie gegen eine  prallt.

Und schon wieder kracht es:

Die dicke Hexe Schlemma

ist in den  gelandet.

Der ![Besen] ist unter ihr zerbrochen!

Jetzt sind Filibelle

und Malwine  ganz vorn.

Plötzlich versucht

 vom   zu schubsen.

Wumms – sie stoßen zusammen

und platschen in den  .

Die  hüpfen erschreckt davon.

Nun ist  auf ihrem roten vorn,

dahinter folgt Rasegunde .

 hat vor dem  -Rennen

viele  gegessen,

damit sie schneller fliegen kann.

Plötzlich wird ihr übel.

Sie muss hinter einem  landen.

 gewinnt!

Der  hängt ihr einen  um.

Alle klatschen in die  .

Sie feiern, bis der  aufgeht.

Auch wenn  noch

von ihrem  im  hat

und  noch

ziemlich grün um die ist.

Luftballon

Teich

Hände

Mond

Besen

Filibelle

Busch

Nase

Popo

Wald

Schlumma

Rasegunde

Uhu

Kranz

Fliegenpilze

Zickzack

Wiese

Splitter

Malwine

Nadel

Disteln

Tanne

Schlemma

Walpurga

Flitzefix

Frösche

KÄNGURU Lesestufen-Modell

So macht Lesenlernen
richtig Spaß – mit Büchern, die auf
die unterschiedlichen
Lernphasen zugeschnitten sind:
5 Lernschritte, 5 Buch-Reihen.
»Kinder werden dann zu begeisterten
Lesern, wenn Buch und Lese-
entwicklung zusammenpassen.«

*Prof. Dr. Manfred Wespel, lesedidaktischer
Berater des KÄNGURU-Programms*

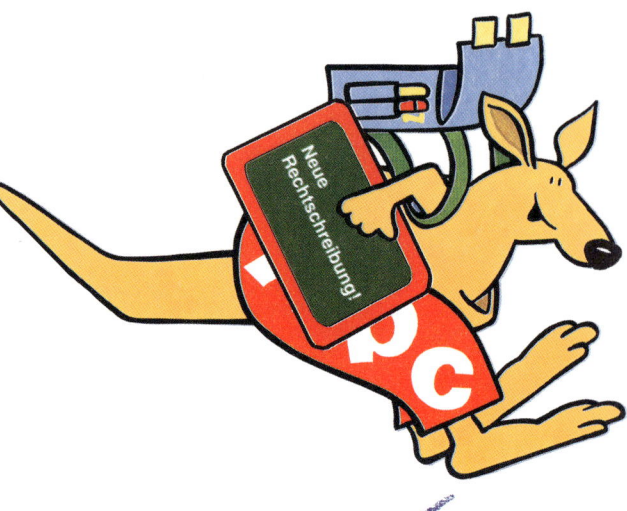

»Mit Comics lesen lernen«

2. Lesestufe
ab 6 Jahre
- jeweils eine kurze Geschichte für Leseanfänger
- mit frechen und witzigen Comic-Elementen
- leicht lesbare Fibelschrift

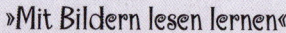

»Mit Bildern lesen lernen«

1. Lesestufe
ab 5 Jahre
- kurze lustige Geschichten mit einfachem Text
- Bilder ersetzen Namenwörter
- sehr große Fibelschrift
- fünf doppelseitige Suchbilder

»Kinderroman« und »Krimi-Abenteuer«

5. Lesestufe ab 10 Jahre
- jeweils ein längerer packender Roman für begeisterte »Leseprofis«
- eingestreute Schwarzweiß-Illustrationen

»Leseabenteuer in Farbe«

4. Lesestufe ab 8 Jahre
- jeweils eine längere spannende Geschichte
- viele farbige Illustrationen
- große Schrift

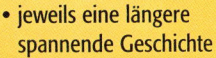

»Erste Geschichten zum Selberlesen«

3. Lesestufe ab 7 Jahre
- mehrere kurze Geschichten zu einem Thema
- klare Textgliederung als Lesehilfe
- große Fibelschrift
- viele farbige Illustrationen